AF610717

A L'EUROPE,

ET

AU GOUVERNEMENT ANGLAIS.

L'Europe verra-t-elle donc toujours en son sein des Gouvernemens qui ne sauront point envisager leurs intérêts? Faudra-t-il aller chercher pour *ceux-ci* des modèles d'une sage politique jusques chez les sauvages? A quoi leur servent les lumières et la civilisation, si elles ne leur donnent la prépondérance de la moralité, et ne dirigent leur conduite d'une manière au moins avantageuse à eux-mêmes? Les verra-t-on sans cesse se jouer de la foi des sermens, et dégrader la sanction sacrée des traités, à la voix du caprice, de l'orgueil ou de la délirante ambition, qu'ils ne découvrent point ouvrant sous eux le tombeau où leur grandeur doit être anéantie, comme le fut celle de tous ceux qui les imitèrent? Les verra-t-on enfin, restant sourds aux cris des peuples, insensibles à leur douleur, contemplant d'un œil sec le spectacle épouvantable qu'offre la guerre, donner le signal des désastres, et insulter la nature, le ciel, en prenant le titre de justes, et en proclamant qu'ils ont une religion et une morale ?

Cette apostrophe terrible, que m'inspire l'amour de l'humanité et de la justice, ne peut-elle pas être appliquée aujourd'hui au Gouvernement Anglais? Existait-il aucun motif, ou soupçon de motif même, qui pût le porter à rallumer la torche de la guerre, et à vouloir ensanglanter encore les mers et les deux territoires? Assez de meurtres n'avaient-ils pas signalé la fin du dernier siècle? Le calme de la France pouvait-il lui déplaire? Quel est donc ce principe affreux, dont l'existence semble avoir pris naissance seulement dans ces derniers tems, et sur le sol de cette puissance, de jalouser jusqu'à la tranquillité, jusqu'au *sommeil des nations*. Quelles sont les insultes qu'ont faites les enfans de la France au peuple dont le Gouvernement, turbulent et oppresseur, vient de l'outrager? Ne les reçoivent-ils pas comme des frères lorsqu'ils visitent leur territoire? Ne poussent-ils pas même la générosité jusqu'à leur donner une considération, trop grande sans doute puisqu'elle semble les distinguer d'eux?.. La France a-t-elle conjuré la ruine du commerce de l'Angleterre ? A-t-elle porté atteinte à son industrie ? A-t-elle violé aucun pacte à son égard ?... Non, elle a voulu rivaliser de gloire et d'industrie avec elle ; voilà sa noble prétention ; et elle n'a pas voulu le faire aux dépens de cette première.

Mais que sont tous les témoignages de la franchise, que sont tous les actes de la magnanimité, lorsqu'on les emploie envers un Gouvernement qui semble avoir pris pour fondement de son systême politique, la destruction entière du peuple qu'il reconnaît pour son ennemi ? Les Français, qui n'ont jamais vu la source de leur puissance dans l'anéantissement d'aucune nation, et la base de leur grandeur sur ses débris, ne peuvent soupçonner l'existence de ce systême, contraire à toutes les loix de la sociabilité. On se rappelle que ce dessein de destruction dirigea les opérations du Cabinet de Londres pendant la dernière guerre, et qu'il en crut l'exécution possible : ses manifestes le prouvent. Tout ne semble-t-il pas indiquer qu'il est encore le véhicule de ses sentimens, et le régulateur de sa conduite ? Le ton impérieux et suprême qu'il vient de prendre, n'est-il pas celui d'un maître qui croit pouvoir anéantir à son gré les destins de celui à qui il ose imposer la loi ?... Anéantir la France !... Mais le Gouvernement Anglais n'est - il point tombé dans le délire s'il en a supposé la possibilité? Ignore-t-il qu'elle est des nations de l'Europe la plus favorisée par la situation de son sol? Faut-il lui rappeler quelle population il porte, et quelle est sa richesse? Faut-il lui observer que ma nation pourrait se circonscrire sur ce même sol, si elle le voulait, et qu'il peut suffire à ses besoins? Sa puissance n'est point idéale ni factice : elle ne voit point les sources de sa fortune dans les mains des nations étrangères : sa puissance, comme celle de l'Angleterre, ne naît point de ses rapports mercantiles avec elles, et ne tient point à des Continens éloignés. Celle-ci peut-elle donc prétendre, non-seulement à anéantir mais à affaiblir même la France? Elle le pouvait lorsque son Gouvernement dirigeait nos désastres. Mais sommes-nous aujourd'hui armés les uns contre les autres? La France (dira ce Cabinet) est dans l'abattement, fatiguée des troubles, de la guerre. J'ai dit dans mon COMMENTAIRE POLITIQUE *du Poème de la Pitié, qui va paraître*, que cet abattement est un signe trompeur. Il est vrai, la France désirerait la paix, parce que l'amour du calme entre dans ses penchants : mais peut-on supposer sans extravagance qu'elle puisse redouter la guerre? Le Gouvernement Anglais devrait savoir qu'elle sait faire les sacrifices, et que sa valeur n'est pas aisée à modérer ni à réprimer... Pourrait-il compter sur un parti dans l'intérieur qui protégeât ses vues ? Et quel pourrait être ce parti ? Où sont donc les Français qui voudraient travailler pour lui ? L'a-t-on vu assez reconnaissant envers ceux mêmes qui l'ont servi pour lui faire espérer de trouver de nouveaux partisans ? Ce Gouvernement peut-il croire que le parti sur qui il paraît fonder ses espérances, ait aujourd'hui quelqu'influence ? Dois-je lui apprendre ici, que lorsque tous les ressorts d'une machine ont changé de direction, lorsqu'elle est entraînée par un mouvement rapide et puissant, quelques faibles liens ne peuvent suspendre sa rotation : elle les brise, et marche sans obstacle vers son but. A quoi lui servent donc ses agens et ses voyageurs, puisqu'ils ne l'instruisent point de la situation de l'état qu'ils parcourent ; et, quelle est donc la perspicacité de ceux-ci ? N'ont-ils pas vu qu'un Gouvernement ferme tient les rênes en France, et que son sol est couvert de guerriers prêts à réprimer les factieux sur quelques points qu'ils puissent se montrer. Ici c'est le cas de déplorer le sort de l'Angleterre, d'avoir un Gouvernement assez absurde pour appliquer les mêmes maximes à toutes les circonstances. Pourquoi prendre fastueusement le titre de politiques lorsqu'on ignore les simples élémens de cet art ? Un Gouvernement essentiellement politique, n'a-t-il pas, en tous les tems, modifié son systême d'après les circonstances ? N'a-t-il pas eu pour but les rapports réciproques ? N'a-t-il pas redouté de nationaliser les guerres en exaspérant les peuples, et d'être victime ensuite lui-même des maux que son imprudence ou ses fausses maximes pourraient enfanter ? Un Cabinet véritablement politique, sait que l'existence, même, d'une puissance rivale et ennemie contribue souvent à sa propre stabilité, car l'équilibre de puissance générale fait la sûreté de tous.

Tout fait donc pressentir que le projet de destruction et d'avilissement qui signala le Gouvernement Anglais, d'une manière si brillante pour lui aux yeux des méchans et des perturbateurs, et si odieuse à ceux des hommes sages et amis de la paix, existe encore dans sa tête, et qu'il va reprendre une nouvelle influence. On ne peut, quoiqu'on veuille supposer le contraire, en se fixant sur l'extravagance de ce projet, prêter à ce Gouvernement d'autre mobile que celui d'une haine qu'on croyait éteinte, et dont tous les Français félicitaient l'Angleterre : on ne trouve point dans la politique des raisons assez déterminantes pour justifier son aggression inopinée. Malte pouvait en offrir une, encore fallait-il supposer que rien ne pouvait balancer son ambition ; mais la cession en étant faite à l'une des grandes puissances qui l'ont garantie, ce motif était anéanti.

Tout présage enfin que le Cabinet Anglais veut bouleverser encore l'Europe. Il revient sur plusieurs traités, et il s'immisce dans ceux où il ne se montra que comme puissance spectatrice. Il semble vouloir réveiller l'ambition de l'Autriche, en lui montrant des prétentions nouvelles à former sur le Piémont et sur l'Étrurie, et il espère rallumer ainsi la guerre continentale. Ses dernières prétentions, relatives aux deux états que je viens de citer, dévoilent son dessein direct d'armer de nouveau les grandes puissances contre la France... Mais croit-il que l'Autriche ne verra point le piège qu'il lui tend ? Cette puissance, ainsi que toutes celles qui couvrent le continent, ont aujourd'hui la conviction que le Gouvernement Anglais veut s'enrichir des dépouilles des nations armées. L'Autriche envisagera mieux qu'elle ne le fit à l'époque de la coalition, qu'elle n'a aucun rapport de puissance avec l'Angleterre, excepté par l'Hanovre et Venise, qui forment les plus faibles des liens ; tandis quelle est limitrophe de la puissance continentale attaquée, qui peut récompenser sa fidélité à ses traités, ou la punir, si, contre toutes les apparences, elle pouvait jamais les violer. La cour de Londres aurait dû savoir que l'Autriche a besoin de la paix pour réparer les désastres de la guerre: c'est sa population qui a souffert ; on ne répare point ces pertes comme celles de la fortune: des lustres ne suffisent point pour reproduire les générations.

Elle semble compter encore sur la Russie : mais elle devrait voir que la Russie n'a aucun ménagement à garder envers elle, et par-là même elle ne peut montrer aucune condescendance qui soit au détriment de ses propres intérêts. Nous dirons ici que la Russie a besoin, à son tour, de la paix. Cette puissance veut s'étendre au-dehors par la voie maritime, et, pour cela, il faut qu'elle établisse les forces qui doivent la rendre une des nations dominatrices des mers: elle ne peut prendre encore ce titre, l'art maritime est presque chez elle à son enfance... Ne pourrait-on pas avancer, d'après une induction très-forte, que la conduite du Gouvernement Anglais semble appuyer, qu'il redoute la Russie même : qu'il voudrait attirer son attention vers le continent, pour la détourner de ses vues maritimes, et l'affaiblir par une guerre terrestre pour l'empêcher d'étendre sa navigation. D'après ce raisonnement, qui semble avoir un fondement déterminé, ne pourrait-on pas conclure que l'Angleterre déclare non-seulement la guerre à la France, mais à deux autres puissances ? Croiser leurs desseins, dénaturer leurs vues, tendre à les écarter de leur but, c'est une véritable hostilité ; et elle est d'autant plus redoutable qu'elle est secrette.

Il est certain que la conduite du Gouvernement Anglais aura un effet désastreux pour lui-même. Est-il un seul des cabinets qui ne voie les signes de son ambition, non-seulement d'un œil défavorable, mais même avec crainte? «Où s'arrêtera, se disent-ils, ce torrent dévastateur?» Ce mot, qu'ils employèrent à l'égard de la France, lorsque la Convention eut l'imprudence de montrer des vues ambitieuses, est applicable au Gouvernement Anglais. Peut-il se persuader que les nations, et sur-tout les cabinets, considèrent avec indifférence l'accroissement gigantesque de sa puissance dans les Indes? Croit-il qu'ils l'auraient vu renverser le trône du Mogol, pour placer le sien sur ses débris, sans s'y opposer, si la situation critique où se trouvait l'Europe à cette époque, ne les eut forcés de lui laisser cueillir le fruit dont il s'empara à la faveur de l'occasion ? Ils savaient qu'avec l'or de l'Inde, il viendrait semer le trouble sur leur continent, et leur faire acheter par leur esclavage les productions du Gange.

S'imagine-t-il encore, que les gouvernemens l'aient vu de sang froid, et sans craindre pour le sort de l'Amérique, s'emparer des possessions Portugaises de la partie méridionale de cet hémisphère ? Nous affirmons que non. Si quelqu'un d'entr'eux l'avait fait, même les moins prépondérans, ils auraient oublié leurs intérêts, et ceux de leurs voisins auxquels les leurs les lient naturellement.

L'Angleterre a été long-tems une puissance isolée au milieu de celles de l'Europe ; mais depuis qu'elle possède Gibraltar, elle est devenue puissance véritablement continentale, et elle influe essentiellement sur le sort des nations européennes, qui presque toutes sont maritimes ou tendent à le devenir.......

Ici c'est le cas de faire entrevoir aux nations quel peut être l'effet de l'occupation de Malte par les Anglais ; et sans doute je vais dévoiler le secret de leur cabinet. Elle a pour but de fermer la Méditerranée aux nations. S'ils ne possédaient point Gibraltar, l'occupation de Malte aurait été sans effet ; mais dès l'instant qu'ils sont maîtres des deux passages de cette mer, le commerce des échelles est dans leurs mains, puisqu'ils peuvent empêcher qu'aucune puissance y parvienne sans leur volonté. La France a du se refuser à cette cession, pour son intérêt propre, puisque sa partie méridionale a besoin du commerce du Levant, ainsi que l'Espagne et l'Italie... Ce besoin devient un motif déterminant pour justifier toutes les mesures qu'elle aurait pu prendre : elle travaillait pour toutes les nations méridionales, qu'elle ne voulait point voir affamer à la volonté des caprices de son ennemie.

Ici ne trouverait-on pas encore le secret du système d'anéantissement dont on a parlé ; et ici le Gouvernement Anglais ne montre-t-il pas à toutes les nations des intentions sinistres ? S'il n'avait eu aucun dessein déterminé sur Malte, s'il formait des craintes sur la Russie, vu l'occupation de Corfou par celle-ci, au point qu'il eût cru que celle de Malte pouvait favoriser son projet Oriental, pouvait-il former des soupçons sur l'Autriche qui n'a aucune force maritime, et dont les projets ont une autre fin ?... Le Gouvernement Anglais avait donc un but particulier ; et le seul qui soit vraisemblable, je le répète, c'est celui d'affamer la partie méridionale de l'Europe, et de lui imposer la loi du besoin.

Allons plus loin ; entrons dans les derniers de ses motifs : voyons si l'Angleterre avait un but relatif à elle-même pour vouloir conserver Malte. Si cette île et sa forteresse eussent été situées dans le détroit de la Manche, en face de son territoire, une raison de crainte, qui se serait liée à la sûreté de son état, aurait pu gouverner son cabinet, et justifier son obstination, comme Dunkerque le fit en d'autres tems, ce qui causa sa démolition. Si Malte même était à portée d'une des possessions britanniques, si cette forteresse en était le boulevard, sa conduite aurait un appui : mais cette place est isolée de toutes ses possessions; donc ce n'est point le motif de sa sûreté, mais celui de son aggrandissement qui a pu le diriger. Le Gouvernement Anglais sait que les places fortes décuplent la puissance des états : la résistance du Piémont à des armées formidables, en divers tems, a servi à le démontrer ; et il a cherché à s'emparer de Gibraltar et de Malte : c'était les deux boulevards européens inattaquables; de-là il devait dicter ses loix maritimes. Puissances européennes, ceci ne vous prouvait-il pas encore sensiblement son dessein de suprématie, et qu'il tend à vous rendre toutes un jour ses tributaires ? Qui pourra affirmer qu'après cette occupation, il ne visera point à s'emparer du Sund ? un indice n'a-t-il pas déjà signalé cette vue de sa part ? Qui pourra encore assurer qu'il n'a pas des desseins sur l'Egypte, et qu'il ne tende à en faire le comptoir de l'Inde ? son zèle à la défendre lorsque l'armée française l'attaqua, ses efforts multipliés pour en forcer l'évacuation, et son obstination à garder Alexandrie, malgré la foi du pacte fait tant avec la France qu'avec les Turcs, n'indiquent-ils pas les plus vastes projets ? La France et les cabinets européens purent croire à une paix durable, lorsque le traité d'Amiens fut conclu, parce que les motifs du Gouvernement aggresseur étaient encore en partie sous le voile : cependant ils auraient dû entrevoir que quelques-uns avaient percé, et ils n'auraient pas dû lui accorder une confiance qui n'a jamais été réciproque à leur égard. Ils peuvent en être victimes, je le répète, s'ils n'ouvrent les yeux, s'ils n'opposent une politique plus profonde, et s'ils n'employent des liens plus puissans, pour contenir dans les limites du droit des nations le Gouvernement que j'ose nommer le rival de l'Europe.

Plus l'Angleterre voyait accroître ses forces et sa puissance, plus elle devait être réservée à l'égard des nations; cette conduite n'eût pas été celle que suivent ordinairement ceux que la prospérité couronne ; mais elle devait diriger une puissance qui se dit sage, et qui prétend sur - tout connaître mieux que les autres les principes du systême politique. Au contraire, la cour de Londres s'est laissée enivrer par cette même prospérité, et elle imite en ce moment tous les ambitieux qui oubliérent les droits des autres croyant posséder des moyens invincibles. Sa puissance devient en effet colossale : cependant elle devrait entrevoir que toute force qui n'est pas circonscrite n'est pas une force réelle. Elle aurait dû penser que sa fortune dans les Indes n'était point inattaquable: elle aurait du observer qu'il pouvait se former une ligue formidable contr'elle; dont le danger commun formerait les liens, et qui pourrait lui faire éprouver, même sans coup férir, le sort de cet homme qui, entouré de trésors, voyait la famine et la mort planer au milieu d'eux, et menacer sa destinée. L'expérience ne sert donc pas plus aux chefs des états qu'aux hommes les plus ignorans ? Le cabinet de Londres peut-il oublier dans quel instant de crise était son état au moment de la paix ? Est-il certain que si le Gouvernement Français eût insisté pour la continuation de la guerre, le désordre, qui devait naître chez lui de la misère publique, qui se rapprochait déjà du période, ne se fut montré en Angleterre, et que les plus grands désastres, peut-être sa chûte même, n'en eussent été la conséquence? Est-il assuré que ces maux et cette situation ne peuvent renaître ? la clôture des ports européens snffirait pour amener cet effet. Ce Gouvernement peut-il dire que cette mesure ne puisse s'opérer?... Parce qu'on ne parvint point à les lui fermer, il ne doit point conclure sur l'impossibilité de la réussite désormais ; ce serait porter la conclusion la plus fausse. Je dois lui rappeler que les mêmes circonstances ont souvent un effet contraire ; et que le tems, les rapports (je ne dirai point les sentimens en politique, ce serait m'exposer à m'aventurer, quoiqu'on puisse les citer à l'égard de certaines puissances) amènent ces transformations. L'Anglais n'avait point le même degré de suprématie à l'époque de la guerre avec la France, c'était un premier motif pour rendre les Cabinets plus indifférens : le Gouvernement Français n'était point alors affermi, en voilà un second non moins propre à circonscrire les vues et les déterminations ; le vœu de la France enfin ne s'était pas prononcé d'une manière assez directe et assez absolue sur l'indépendance et la prospérité des nations ; ce dernier était le plus nécessaire, et c'est celui qui lui attachera à l'avenir les gouvernans et les peuples amis de la justice et de l'ordre.

D'ailleurs, la plus forte raison, et la plus influente sur l'esprit des cabinets, est celle de la gradation de la puissance de celui de St. James. S'ils se fixent sur ses immenses desseins, que j'ai fait entrevoir, et que, j'ose le dire, on ne peut révoquer par des preuves concluantes ; s'ils envisagent leur impuissance maritime, et la prépondérance de leur rivale ; enfin s'ils ne méconnaissent point toutes les lois de la politique, et s'ils comptent leur sort pour quelque chose, ils n'hésiteront pas à former une confédération qui concourera à le maîtriser.

« L'or, nous ouvrira toutes les portes, et nous soumettra les cabinets, disent les *vieux politiques Anglais.* » L'or, en effet, a un grand pouvoir : mais ces politiques immoraux et insensés devraient savoir, par expérience, qu'ils ont semé l'or en vain. Ils devraient savoir, en outre, que lorsqu'un intérêt plus puissant parle, comme celui de la conservation de sa gloire, l'or n'a encore aucune influence. Devraient-ils ignorer, enfin, que l'avarice est souvent immolée à l'orgueil blessé ? Cette maxime morale s'applique pleinement à la politique ; l'on pourrait dire même qu'elle sert de base au plus grand nombre de ses actions. Est-il douteux que celui de toutes les grandes puissances ne soit blessé en ce moment par le Gouvernement Anglais ? Les a-t-il comptées pour quelque chose ? Leur a-t-il prêté la plus petite influence lorsqu'il a violé le traité d'Amiens, garanti par elles, sans leur participation ? Puissances européennes, quel est donc votre droit de garantie ? Je vous le demande : ce droit, aux yeux du cabinet de Londres, n'est-il pas aussi illusoire que ridicule ? Pouvez-vous révoquer ici cette preuve de fait ? Vous faut-il un plus grand trait de lumière sur l'idée qu'il a de votre puissance, et sur son dessein de vous humilier et abaisser tour à tour ?

Quand le danger dont j'ai parlé n'existerait point pour l'Angleterre, n'est-il pas, en son sein même, des hommes ennemis du systême ambitieux de son Gouvernement, et qui deviennent redoutables pour elle ? S'est-il donc écoulé trois siècles depuis que l'Irlande et l'Écosse ont cherché, à main armée, à secouer son joug ? Les mêmes hommes n'existent-ils point ? Le cabinet de St. James ne tient-il pas sur pied des armées pour les contenir ? Si ces hommes et ces armées existent, cet état n'est point sûr de sa tranquilité. En outre, l'Angleterre, elle-même, ne possède-t-elle pas, jusques dans sa capitale, un très-grand nombre d'amis de la justice et la paix ?..... Oui, elle en possède ; nous osons avancer, de plus, que la majorité de la nation improuve la conduite de son Gouvernement. Elle obéira à son vœu ; en faisant la guerre à la France : mais ne la vit-on pas lui obéir lorsquelle éclatait, d'une manière manifeste, contre la conduite de son ancien ministre ? La joie quelle montra lorsqu'elle lui vit quitter le timon de l'état n'indique-t-il pas l'improbation dont je parle ? Le sort de l'Angleterre, comme le fut celui de beaucoup de nations, est d'être entraînée par son Gouvernement, dont elle suppose d'abord les motifs légitimes, et elle s'apperçoit aussitôt de son erreur. Lorsque la situation se renouvelle, elle croit que l'expérience, ou au moins des ménagemens relatifs à elle-même, rendront son Gouvernement circonspect et plus sage, et elle se voit de nouveau abusée.

Le cabinet britannique ne va-t-il pas donner des armes contre lui aux Anglais de tous les partis, en les portant à dire qu'il sacrifie l'intérêt de sa nation à son orgueil ou à son ambition ? Il devait savoir quel ferment portent avec elles de semblables réflexions, sur-tout dans les têtes des hommes qui savent raisonner; et il aurait dû se rappeler (les exemples sont dans son pays) ce que peut l'opinion populaire lorsqu'elle est exaspérée. . . . . . « nous tromperons le peuple, dira-t-il, en lui montrant de faux motifs ! Que les Gouvernemens sachent qu'il est aujourd'hui très-difficile de tromper les peuples ! Ils se sont trop habitués à raisonner depuis 15 ans, dans tous les états de l'Europe, pour que les anciens mobiles politiques puissent être employés désormais avec succès.

En supposant que l'Angleterre entière épouse

la cause de son gouvernement, que l'amour de la justice disparaisse de tous les cœurs, ainsi que l'énergie et la force, son gouvernement n'a-t-il pas à redouter celle de la France ? Les ministres anglais souriront à cette idée : « notre côte est armée et inattaquable s'écrieront-ils ; nous pouvons faire une chaîne de nos vaisseaux, la France et ses alliés n'en ayant pas assez pour nous forcer de les réunir en flottes, et nos croiseurs prendront tous ceux de leur commerce sans qu'ils puissent nous en empêcher. » Il est présumable qu'on nous prendra des vaisseaux : mais, en faisant abstraction de la possibilité d'une descente en ce moment, je dois dire à ce gouvernement, qu'en se laissant aveugler par une confiance illimitée, qui ferme son esprit à tout raisonnement juste et à toute prévoyance, il n'a pas vu une ressource réelle, une ressource qui est dans les mains de la France, et qui peut déterminer, sinon dans l'instant du moins à une époque très-rapprochée, sa chûte : oui, sa chûte, si la France peut la vouloir ! Qu'il suive mon raisonnement, qui repose sur une base mathématique, et il en sera convaincu. La France n'a-t-elle pas la faculté de créer, lorsqu'elle prendra une mesure décisive, une mesure de destruction, une marine qui puisse balancer exclusivement la sienne ? Ministres de St. James, dites-moi que sont cent millions pour la nation qui présente un *Budjet* de sept cent tous les ans ? Ne peut-elle pas dans très-peu d'années faire construire cent vaisseaux, soit sur ses chantiers, soit sur ceux de ses voisins ? Lui manque-t-il des hommes pour les armer et des marins pour les conduire ? Vous le voyez, ce projet, que j'indique ici, et que le Gouvernement Français peut adopter, est propre à vous faire trembler pour votre puissance ! Est-il douteux que cent mille hommes, jettés sur votre territoire, vous rendraient impuissans, sur-tout lorsqu'ils s'y montreraient les amis du peuple, et seulement les ennemis d'un Cabinet oppresseur des deux nations ? Songez, en outre, que ces hommes seraient des Français !

Je dois, en finissant, dire au Gouvernement égaré à qui je m'adresse, que ses tentatives concourront à accroître l'énergie de la France : elle n'est jamais si grande que dans le malheur, comme le fut tout ce qui porta une ame magnanime ici bas : qu'il se retrace cette vérité démontrée par une très-longue expérience. Nous devons l'inviter à abandonner son nouveau système. Qu'il évite les maux incalculables qu'il est prêt à faire naître pour deux nations généreuses, qui reflueront sur toutes celles du continent, et dont toutes finiront par lui demander compte. Qu'il s'arrête sur cette idée, dont l'effet est préexistant aux yeux de l'expérience. Ici je dois révoquer le dernier argument sur lequel ce cabinet établit sa conduite, qu'il regarde comme un égide moral à l'égard de sa nation, et qui est le plus fort véhicule de son audace. Il se dit : « Je flatte l'orgueil du peuple anglais en le montrant redoutable, je lui fais voir une grande source de fortune dans nos conquêtes, et je l'attache, par son propre intérêt, à ma cause d'une manière indissoluble. » « Il est vrai, les conquêtes et la prépondérance guerrière flattent l'orgueil d'une nation, et la richesse a un grand prix à ses yeux. Mais le cabinet de Londres est-il assuré que les anglais voient cette source de fortune naître de ses conquêtes ? Il ne prête donc à ce peuple, qu'il nomme lui-même éclairé et raisonnable, aucune lumière et aucune raison ? Qu'elle est la nation européene qui ne sache aujourd'hui que les conquêtes affaiblissent la puissance des états ? le peuple anglais ne lit-il point l'histoire ? Faut-il lui ouvrir celles de Rome et de Carthage ? N'a-t-il pas auprès de lui un exemple frappant dans l'Espagne, dont les conquêtes ont anéanti la puissance ? En outre, soncabinet ne voit-il pas tous les peuples de l'Europe, indistinctement, invoquer la paix, lorsqu'ils sont même entourés des palmes de la victoire ? les peuples voient donc leur véritable intérêt dans la paix, et ils lui immolent toujours l'orgueil des conquêtes. Ne les a-t-il pas vus même applaudir aux traités qui étaient onéreux pour eux ?... Que le Gouvernement Anglais écarte le voile qui couvre sa vue, et qui lui cache ses intérêts et le vœu des nations : qu'il relève l'autel de la paix, où, nous osons le lui prédire, il en sera victime. Si sa nation était assez magnanime pour ne pas le punir d'une manière directe, il verra la France et l'Angleterre, désolées par lui, mettre sur son front le sceau du mépris aux yeux des siècles, en le déclarant l'ennemi de l'humanité et des nations.

Le Manifeste du roi d'Angleterre ayant paru depuis que cet ouvrage est sous presse, je nai pu attaquer aucun de ses motifs. Je le ferai très-incessamment, dans un Examen *ou* réponse ana-tique raisonnée. *Je combattrai ses suppositions par les argumens de la raison, de la vérité et de la justice.*

www.ingramcontent.com/pod-product-compliance
Ingram Content Group UK Ltd.
Pitfield, Milton Keynes, MK11 3LW, UK
UKHW020410250726
13967UKWH00006B/2566